Université de France.

FACULTÉ DE THÉOLOGIE DE STRASBOURG.

CONSIDÉRATIONS

SUR LA

GUERRE DES PAYSANS

ET

SUR SES RAPPORTS AVEC LA RÉFORME,

THÈSE

PRÉSENTÉE

A LA FACULTÉ DE THÉOLOGIE DE STRASBOURG,

ET SOUTENUE PUBLIQUEMENT

Le vendredi 20 Avril 1838, à cinq heures du soir,

POUR OBTENIR LE GRADE DE BACHELIER EN THÉOLOGIE,

PAR

GUILLAUME SCHNEIDER,

D'ALT-ECKENDORF (DÉPARTEMENT DU BAS-RHIN),

BACHELIER ÈS-LETTRES.

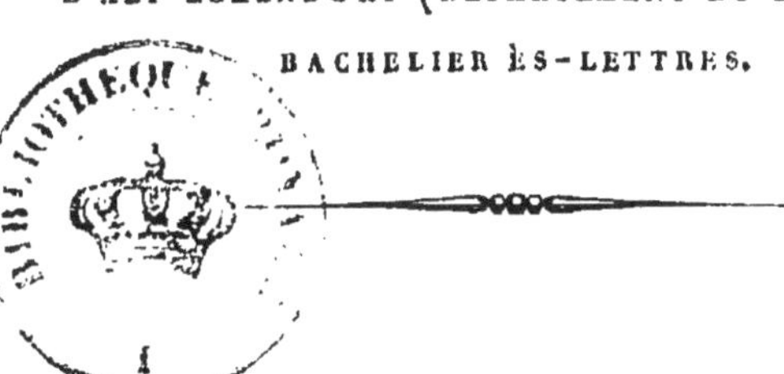

STRASBOURG,

IMPRIMERIE DE G. SILBERMANN, PLACE SAINT-THOMAS, 3.

1838.

M. Bruch, Doyen de la Faculté.

MM. Bruch,
    Richard,
    Fritz,
    Jung,   } Professeurs de la Faculté.

————

M. Jung, Président de la soutenance.

MM. Jung,
    Bruch,
    Richard,   } Examinateurs.

————

CONSIDÉRATIONS

SUR

LA GUERRE DES PAYSANS ET SUR SES RAPPORTS AVEC LA RÉFORME.

§ 1er.

On a souvent reproché à la réforme religieuse du seizième siècle son principe *de l'indépendance de toute autorité humaine en matière de foi*. On prétend qu'il doit nécessairement conduire ses adhérents à refuser à l'autorité civile l'obéissance qui lui est due, et nourrir parmi eux l'esprit de révolution. Pour réfuter ces reproches, les amis de la réforme ont montré que deux principes forment la base de leur croyance, et que, si elle admet l'indépendance de toute autorité humaine, en matière de foi, elle exige en même temps la soumission la plus absolue à l'autorité souveraine de l'Écriture-Sainte. Ils ont fait observer à juste titre que la parole divine, contenue dans les livres de l'Ancien et du Nouveau-Testament, peut se concilier avec toutes les constitutions politiques, et que sous toutes les formes de gouvernement elle prescrit l'obéissance envers les dépositaires du pouvoir, chargés de veiller aux intérêts de tous[1]. La conséquence nécessaire de ce principe est que la réforme doit compter dans son

[1] Saint Matthieu, chap. XXII, 21. Épître aux Romains, chap. XIII, 1. 2.

1

sein les citoyens les plus soumis aux lois de la société dont ils sont membres, et si cette assertion avait besoin de preuves, il nous serait facile de montrer que les États protestants jouissent depuis long-temps d'une tranquillité à laquelle ils doivent le développement progressif de toutes les branches de la prospérité publique, tandis que les pays catholiques, déchirés à diverses époques par des révolutions sanglantes, n'ont pu consolider ces institutions qui font la force et la sécurité des peuples[1]. La guerre des paysans est l'un des événements qui a servi de prétexte aux adversaires de la réforme pour en attaquer les conséquences[2]. Il ne sera donc pas sans intérêt de remonter aux causes de ce soulèvement, et d'en montrer les rapports avec la réforme.

§. 2.

Deux faits importants et simultanés se développent dans l'histoire d'Allemagne vers la fin du quinzième siècle : le besoin d'une réforme de l'Église, fruit de la renaissance des lettres, et la révolte des paysans contre leurs souverains légitimes. Les habitants de la campagne et ceux des villes de second ordre, accablés sous le poids des charges les plus onéreuses, résolurent de secouer le joug qui pesait sur eux, et de réclamer des garanties propres à leur assurer un meilleur état de choses. Ils souffraient d'autant plus des vexations exercées envers eux par les princes et les nobles, qu'ils ne pouvaient s'adresser à aucune autorité pour obtenir justice[3].

---

[1] H. G. Tzschirner, *Protestantismus und Katholicismus aus dem Standpunkt der Politik betrachtet.* Leipzig, 1824.

[2] M. J. Schmidt, *Geschichte der Deutschen.* Band X, pag. 265, etc. Mannheim, 1784.

[3] Ce ne fut que par les dispositions de la diète tenue à Augsbourg en 1500 et concernant la procédure (*Kammergerichts-Ordnung*) de la cour suprême de l'empire, que les habitants des villes et les paysans obtinrent le droit d'appeler en justice, devant cette cour, les princes et les nobles *dont ils n'étaient pas les sujets.*

Les impôts indirects, dont ils avaient été jusqu'alors exempts, vinrent encore ajouter à leur mécontentement[1].

Privées de leurs franchises et de leurs propriétés par la violence et la cupidité des premiers ordres qui ne leur en laissaient l'usage qu'au prix d'une rente en argent ou en nature (*Holzhühnerzins, Laubhühnerzins, Weidhühnerzins*)[2], les communes désiraient ardemment rentrer en possession de leurs droits légitimes, et aucun sacrifice ne leur paraissait trop pénible pour sortir de l'humiliante condition à laquelle elles étaient réduites. Il est vrai que l'adoucissement de la servitude dans quelques contrées[3], leur procurait plus d'indépendance ; mais cet avantage même les portait à réfléchir sur leur situation, et à la comparer à celle des classes supérieures. La puissance et la richesse des princes, des nobles et du clergé, formaient un contraste frappant avec les travaux, les privations et la misère du peuple. Tous ces motifs devaient exciter la jalousie des classes inférieures[4] et les armer contre le despotisme de ceux qui les gouvernaient. Telles furent les véritables causes des troubles qui, depuis le milieu du quinzième siècle, agitèrent la société, et amenèrent enfin le soulèvement des paysans. L'exemple de la Suisse, où les paysans avaient brisé le joug de l'Autriche, ne fut pas sans influence sur la guerre qui nous occupe. Dès le règne de Frédéric III, un inconnu présenta, dans des articles, la réforme demandée par les

D'ailleurs la justice rendue par cette cour était si lente et si dispendieuse que les membres du tiers état et des communes entières ne pouvaient se décider facilement à lui soumettre leurs causes. *Beiträge zur Geschichte des deutschen Bauernkrieges, von* Friedrich Ferdinand Oechsle. Heilbronn, 1830. pag. 20, etc.

[1] G. Sartorius, *Versuch einer Geschichte des deutschen Bauernkrieges zu Anfang des 16ten Sec.* Berlin, 1795, pag. 10.

[2] Œchsle, pag. 6.

[3] Œchsle, pag. 4 et 5.

[4] Œchsle, pag. 30 et 31.

habitants des villes et par les paysans ; mais leurs vœux ayant été repoussés, ils prirent les armes (1460) [1].

La Franconie, l'Alsace, le Palatinat, la Souabe et une partie de la Saxe furent les principaux théâtres de la guerre. Des tentatives de révolte eurent lieu près des villes et dans les villages du département du Bas-Rhin, à Saverne, à Scheerweiler, à Ringendorf et à Pfaffenhoffen. Des cruautés inouïes furent commises de part et d'autre, et le parti des princes, de la noblesse et du clergé sortit victorieux de cette lutte. Le combat de Lupstein, près de Saverne, où les paysans furent défaits par Antoine, duc de Lorraine [2], celui d'Engelstadt, près de Würzbourg, et celui de Frankenhausen, l'an 1525, où le landgrave Philippe de Hesse, l'électeur Jean de Saxe et quelques autres princes vainquirent les paysans, mirent fin à cette guerre [3].

§ 3.

C'est donc bien à tort que l'on a imputé à la réforme le soulèvement et la guerre des paysans ; elle existait avant que Luther se fût séparé de l'Église romaine.

Les propositions faites sous Frédéric III sont en partie conformes aux douze articles des paysans qui parurent en 1525 [4].

---

[1] J. L. von Pfister, *Geschichte der Deutschen, nach den Quellen.* Hamburg, 1833. B. IV, pag. 73, etc., et OEchsle, pag. 33, etc.

[2] Calmet, *Histoire de Lorraine.* t. V, pag. 495 — 502, édition de Nancy, 1752.

[3] Sleidan, *Comment.* lib. VI. Argent. 1572. fol. — *Seditio repentina vulgi, præcipue rusticorum, anno 1525 tempore verno per universam fere Germaniam exorta, etc. Collecta et conscripta ac nunc primum edita per Petrum Gnodalium.* Basileæ, 1580. *Eigentliche wahrhaftige Beschreibung des Bauernkrieges, wie derselbe im Jahr 1525 fast an allen Enden deutschen Landes angegangen und wieder gedämpft worden. Damals in Deutsch und Latein beschrieben durch H. Peter Haarern, jetzunder erstmals in deutscher Sprach in den Druck gegeben.* Frankfurt, 1625.

[4] Goldast's *deutsche Reichssatzungen.* Band I, pag. 166. Dans ce document qui est très-intéressant, l'auteur propose l'abolition de tous les péages, l'unité des

Des mouvements eurent lieu en 1460 dans l'Algau; en 1471, un chef des paysans de Franconie, nommé Jean de Bohême, prêcha l'abolition de tous les droits territoriaux (*Grundabgaben*), de toute autorité civile et ecclésiastique; il voulut établir une égalité générale. Trente-quatre mille hommes se déclarèrent ses partisans.

En 1492 les paysans des Pays-Bas, réunis sous le nom de *Kasenbrœder*, au nombre de 40,000, demandèrent l'abolition de tous les impôts, et résolurent d'abaisser la noblesse.

L'année suivante les paysans de l'Alsace formèrent une association connue sous le nom de *Bundschuh*, pour obtenir la suppression de tous les péages et d'autres impôts; ils refusèrent de se présenter à la confession et demandèrent la diminution du traitement du clergé. Cette association, qui ne voulait reconnaître d'autre autorité que celle de l'empereur[1], se répandit surtout dans les pays du Rhin.

Le Brisgau, le duché de Wurtemberg, le margraviat de Bade et d'autres parties de l'Allemagne virent aussi s'élever, dans l'intervalle de 1513 à 1515, des partis plus ou moins puissants, tous unis par un intérêt commun, celui de la résistance à l'oppression. C'est un fait constaté par plusieurs historiens, et que *Schmidt*[2] a méconnu lorsqu'il attribue exclusivement la guerre des paysans au principe de l'indépendance de toute autorité, en matière de foi, et aux prédications fanatiques de quelques réformateurs.

Si, comme nous le montrerons bientôt, le principe de liberté religieuse et le zèle outré de quelques-uns de ses partisans ont influé sur les mouvements séditieux des paysans, ce n'est pas dans ces deux faits qu'il faut en chercher la véritable cause, puisque la guerre avait éclaté avant la réforme.

mesures, des monnaies en général toutes les améliorations que l'Allemagne a faites dans son état politique, et dont elle s'occupe encore aujourd'hui.

[1] Von Pfister, *Geschichte der Deutschen. Loc. cit.*

[2] Schmidt's *Geschichte der Deutschen. Loc. cit.*

§ 6.

La plus grande partie des prétentions contenues dans les douze articles sont étrangères aux principes et aux conséquences de la réforme, tant pour le dogme que pour la constitution de l'Église. Pour jeter un nouveau jour sur la question, nous croyons nécessaire de donner un aperçu des articles que les paysans de la Souabe méridionale présentèrent en 1525 au comte de Truchsess Waldbourg, au moment où ils eurent cerné son armée près de Weingarten.

Ils demandent dans *l'article* I que les communes soient autorisées à choisir elles-mêmes leurs pasteurs et à les destituer en cas de mauvaise conduite.

Par *l'article* II ils déclarent que les paysans reconnaissent la dîme comme une institution de l'Ancien et du Nouveau-Testament; mais ils prétendent qu'elle doit être consacrée principalement au traitement du pasteur, et que le surplus doit être donné aux pauvres; néanmoins ils ajoutent que, dans le cas où la dîme serait une propriété particulière, les propriétaires doivent en être indemnisés et la commune forcée de la racheter peu à peu.

Article III. La servitude doit être abolie, parce que Jésus-Christ a délivré tous les hommes sans égard à leur condition; cependant l'obéissance envers l'autorité élue ou instituée par Dieu doit être maintenue.

Article IV. La chasse et la pêche doivent être libres dans tous les cas où elles ne seraient pas une propriété particulière.

Article V. Les paysans réclament la permission de chercher, sans payement, leur bois dans les forêts, et une convention entre les deux parties doit régler les droits réciproques dans les forêts particulières.

Article VI. Les corvées doivent être diminuées.

Article VII. Les obligations des paysans envers les seigneurs doivent être réglées par une convention. Le pouvoir arbitraire des seigneurs sur les paysans doit être aboli, et une convention entre les parties doit régler les services des derniers envers les premiers.

Article VIII. Le cens des terres possédées en fief par les paysans doit être diminué.

Article IX. La justice pénale doit être rendue d'après la loi ancienne qui est écrite, et non d'après de nouveaux statuts.

Article X. Les propriétés, dont les communes ont été indûment frustrées, leur doivent être rendues.

Article XI. Les droits mortuaires (*Todesfall*) doivent être abolis.

Article XII. La parole de Dieu, la justice et la raison doivent décider le sens de ces articles. Les paysans déclarent qu'ils renoncent à toute disposition qui y serait contraire, en se réservant tous les droits à eux appartenant et dont ces articles ne feraient pas mention; cependant, en vertu du principe constitutif établi dans l'article XII[1], ils proposèrent de soumettre leurs demandes à un tribunal formé de l'archiduc Ferdinand, frère de l'empereur, de l'électeur de Saxe, de Luther, de Mélanchthon et de quelques autres prédicateurs[2].

Note. On présume que ces articles furent rédigés par Élie *Schappeler,* prédicateur à Memmingen, mais le fait n'est pas certain[3]. Après les avoir lus, on ne conçoit pas comment *Plank* a pu dire que le rédacteur devait être un fanatique exalté ou un homme intimidé par les tricots des paysans.

<h2 style="text-align:center">§ 5.</h2>

Le simple exposé de ces articles suffit pour convaincre tout homme d'un esprit impartial qu'il y avait très peu de rapports entre les dogmes des réformés et les demandes des paysans

Luther commença la réforme en s'élevant contre les indulgences dont on faisait, sous Léon X, un abus scandaleux. C'est le but des

---

[1] Sartorius, *l. c.* pag. 380.

[2] Wolfgang Menzel, *Geschichte der Deutschen bis auf die neuesten Tage.* Stuttgart und Tübingen, 1834, pag. 476.

[3] Plank, *Geschichte der Entstehung, Veränderung und der Bildung unseres protestantischen Lehrbegriffs.* t. II, pag. 182, note 14.

quatre-vingt-quinze thèses qu'il afficha, le 1er novembre 1517, à la porte de l'Église de Wittenberg. Il opposa aux indulgences le dogme de la foi en la mort expiatoire du Seigneur, quoique ce dogme, auquel Luther attache une grande importance, ne forme cependant pas la base fondamentale de la réforme. L'indépendance de toute autorité humaine en matière de foi et la soumission respectueuse aux décisions de l'Écriture-Sainte, tel est le principe qu'invoquait Luther dans toutes les discussions ; c'est ce même principe qu'il soutint dans sa noble et courageuse défense à la diète de Worms, en 1521. Luther y déclara qu'il ne pouvait point se rétracter, à moins que, l'Écriture-Sainte à la main, on ne lui prouvât qu'il avait tort, ou qu'on le réfutât par d'autres raisons claires et solides[1].

C'est sur ce principe que les princes évangéliques fondèrent leur protestation contre la décision de la diète de Spire en 1529. Les dogmes qu'ils en déduisirent se trouvent consignés dans la confession présentée à la diète d'Augsbourg, dans sa séance du samedi 27 juin 1530.

Deux articles seulement présentent quelque rapport avec ces dogmes. Le premier où les paysans demandent des pasteurs qui enseignent la doctrine pure de l'Évangile, et le dernier qui établit les règles à suivre pour déterminer le sens des articles.

Quant aux autres articles concernant l'état civil, les paysans en demandent non pas l'abrogation, mais l'application moins rigoureuse. S'ils exigeaient l'abolition des droits mortuaires (art. xi), c'est qu'ils les envisageaient comme une véritable spoliation des veuves et des orphelins.

§ 6.

Les princes, désirant connaître l'opinion de Luther et de Mé-

---

[1] Plank, *libr. cit.* B. I, pag. 101. Les anciens théologiens et ceux qui, de nos jours, rejettent l'usage de la raison dans les choses religieuses, sont donc en contradiction formelle avec l'auteur de la réforme.

lanchthon, leur transmirent les douze articles. Luther s'expliqua dans l'écrit indiqué ci-dessous[1]. Il déclara aux princes que c'était à eux ainsi qu'aux évêques qu'on devait imputer les troubles, parce qu'ils ne cessaient de s'élever contre l'Évangile, et réduisaient le peuple au désespoir par leurs exactions et leurs injustices. Il est manifeste, ajouta-t-il, que Dieu s'est levé pour les punir de leurs cruelles injustices, et que les paysans sont les instruments de sa colère. Les princes ne doivent pas se flatter, en étouffant la sédition, de pouvoir échapper au juste châtiment qu'ils méritent; car s'ils parvenaient à faire périr tous les paysans, Dieu pourrait se servir des pierres même pour en former de nouveaux paysans, afin de les châtier. Le réformateur conseilla donc aux autorités d'apaiser les rebelles par des moyens de conciliation, et de faire aux paysans quelques concessions pour obtenir la paix, car parmi les douze articles, dit-il, il y en a de si équitables qu'ils vous accusent devant Dieu et devant les hommes, et qu'ils jettent le mépris sur les princes comme il est dit Psaume 107, 40.

Puis s'adressant aux paysans, Luther les prie de bien réfléchir s'ils ont agi avec conscience; car il soupçonne que des fanatiques ont abusé de leur simplicité pour les entraîner à une révolte contraire à toutes les lois divines et humaines. Citant à l'appui de son opinion les passages les plus clairs de l'Écriture-Sainte, il rappelle en même temps l'exemple de Jésus-Christ, celui de saint Pierre et le sien, pour démontrer que de véritables chrétiens ne doivent pas résister à l'autorité, même lorsqu'elle est injuste. Il ajoute que, si les paysans veulent persister dans leur entreprise, ils doivent renoncer au nom de chrétiens. Lorsque le réformateur apprit les cruautés commises à Weinsberg, il publia son écrit contre les paysans souillés de

---

[1] Luthers *sämmtliche Schriften, herausgegeben von J. G. Walch. Hallische Ausgabe. t. XVI, pag. 58. Seine Ermahnungen zum Frieden auf die zwölf Artikel der Bauerschaft in Schwaben, im Mai* 1525.

pillage et de meurtre[1]. Cet écrit est une provocation à une véritable croisade contre les rebelles. Luther engage non-seulement les princes et les autorités à faire usage du glaive tant qu'ils pourront se servir de leurs bras, mais il exhorte encore tous les citoyens à se lever contre les paysans et à les tuer comme des chiens enragés, en leur assurant que Dieu regardera comme martyrs tous ceux qui, en les combattant, trouveront une mort glorieuse.

Mélanchthon, qui avait une aversion prononcée pour la violence, et qui regardait comme un crime toutes les tentatives tendant à troubler l'ordre public, se déclara, dès le commencement, avec beaucoup plus de sévérité contre la révolte. Il voyait dans les démarches et les actions des paysans un mélange d'ignorance et de méchanceté, et dans l'auteur des articles un imposteur qui agissait avec préméditation; tous les autres étaient, à ses yeux, une bande effrénée de malfaiteurs menés par des fanatiques. Il démontra que leurs demandes étaient injustes et que leur conduite était entièrement opposée aux principes de l'Écriture-Sainte, et finit par sommer les autorités de les poursuivre de tout leur pouvoir comme des brigands et des assassins.

Un fait digne de remarque, c'est que dans le berceau de la réforme, dans l'électorat de Saxe, il n'y eut pas un paysan qui s'élevât contre l'autorité[2].

Ne serait-ce pas la plus grande injustice que d'attribuer à la réforme et à ses auteurs une sédition qu'ils combattirent dès le principe par des arguments solides, parce qu'elle compromettait l'œuvre sacrée qu'ils s'efforçaient d'accomplir et à laquelle ils avaient dévoué leur vie?

§ 7.

La plupart des articles proposés par les paysans concernent les

[1] Luthers *Schrift wider die räuberischen und mörderischen Bauern.* t. XVI. pag. 91.

[2] Spittlers *Kirchengeschichte.* pag. 49.

droits féodaux dont ils sollicitent la diminution, l'exercice moins rigoureux, *parce qu*'ils ne sont pas fondés dans les droits naturels.

Les paysans habitaient un pays où la grande majorité professe le culte catholique, et à une époque où ce culte était encore la religion de l'État ; ce fut la France qui, la première en Europe, abolit tous les droits féodaux. Les heureuses conséquences de la décision que prit l'Assemblée constituante, dans la nuit à jamais mémorable du 4 août 1789, se fait sentir de nos jours non-seulement dans l'Espagne catholique, mais aussi dans les États de la confédération germanique. Ce n'est donc qu'après trois siècles de souffrances prolongées que les paysans obtinrent justice et que l'on fit droit à la plus grande partie des demandes contenues dans les douze articles.

Il résulte de ces faits que la plus grande partie des demandes des paysans rentrent dans le domaine du droit civil, et que la guerre dont il est ici question ne saurait être imputée à la réforme qui ne toucha qu'aux questions religieuses.

§ 8.

Les abus nés de la doctrine des indulgences durent nécessairement faire prévaloir un système d'inégalité dans les questions qui se rattachaient au sort des hommes et aux jugements de la Providence. Les pauvres, témoins de la facilité avec laquelle les riches obtenaient la rémission des péchés, et se dispensaient d'observer les préceptes évangéliques, s'imaginèrent que les classes supérieures de la société jouissaient d'un privilége, même devant Dieu. La réforme opposa aux indulgences le dogme de la foi en la mort expiatoire du Seigneur, et enseigna que tous les hommes, quelle que fût leur condition, pouvaient obtenir la rémission des péchés par une foi entière à l'efficacité de cette mort, par une sincère obéissance aux commandements du Christ, ce qui excluait le prétendu mérite des œuvres surérogatoires.

En posant ces principes, la réforme accusait l'injustice et le danger de cette inégalité sociale qui pesait sur les classes pauvres et qui devenait d'autant plus intolérable qu'elle était consacrée par les autorités.

Accablées sous le poids des charges, elles devaient se dire en poussant leur raisonnement jusqu'à ses dernières conséquences : Nous sommes devant Dieu les égaux des hommes les plus puissants; comme eux, nous obtiendrons la rémission de nos péchés, par la foi en notre Seigneur et l'obéissance à ses commandements. N'est-il pas injuste, que nous soyons seuls condamnés à de pénibles sacrifices, tandis que la noblesse et le clergé en sont exempts? Ces réflexions ne pouvaient-elles pas les porter à secouer le joug contre lequel ils réclamaient en vain devant les autorités?

La doctrine de la liberté évangélique, professée par les auteurs de la réforme, et en vertu de laquelle le protestant se croit indépendant en matière de foi de toute autorité humaine, aura, sans doute, été mal comprise par beaucoup de personnes; c'est ce qui est arrivé lors de notre première révolution, au moment où le peuple demandait la liberté civile. La seule influence que l'on puisse donc attribuer à la réforme sur la guerre des paysans, c'est qu'elle a servi à faire voir l'injustice des charges imposées à ces malheureux. Ajoutons que la doctrine mal comprise de la liberté religieuse devait encourager les paysans à s'affranchir de l'oppression. Quoique des historiens trompés par un faux système aient avancé que des hommes fanatiques sortis du sein de la réforme, tels que Münzer, enflammèrent les rebelles d'un esprit d'insubordination qui entraîna les plus grands désordres, on ne peut sans injustice en accuser les doctrines de Luther et de Mélanchthon. Ces abus ont signalé tous les changements entrepris dans l'ordre civil et dans l'ordre religieux.

Quand un principe nouveau, favorable aux progrès de l'humanité, est jeté dans les esprits, partout des fanatiques se présentent pour en exagérer les conséquences, et cette exagération devient funeste à l'application et au développement des idées les plus salutaires et les plus fécondes. Au reste, les auteurs de la réforme ont vivement combattu ces prédicateurs de désordre. Ce n'était pas sans un profond chagrin qu'ils voyaient la sainteté de leur cause dénaturée par des hommes qui ne cherchaient que leur intérêt personnel, et ne s'occupaient en aucune manière du sort des personnes qu'ils avaient séduites.

§ 9.

En réfléchissant sur les douze articles, on doit s'étonner de la modération des paysans et du respect qu'ils portaient aux droits légalement acquis, aux droits naturels.

Les dîmes, qui étaient des propriétés particulières, ne pouvaient être détournées de leur destination primitive sans une indemnité préalable, réglée par une convention entre les communes et les propriétaires. La pêche, acquise à titre onéreux, devait rester à son propriétaire. Les services que le paysan était obligé de rendre à son seigneur, n'étaient pas abolis, mais diminués. Il n'y avait qu'une seule charge, le droit mortuaire, dont ils demandaient l'abolition. Si l'on considère qu'au moment où les paysans rédigèrent les douze articles, ils étaient vainqueurs du comte de Truchsess Waldbourg[1], on sera plutôt porté à louer leurs modestes prétentions qu'à s'élever contre l'esprit d'insubordination et de révolte qu'on leur a reproché.

Luther lui-même déclara que parmi ces articles quelques-uns étaient équitables et couvraient les princes de mépris devant Dieu et les hommes.

Certes, les ordres privilégiés ne pouvaient soupçonner les arbitres proposés par les paysans de se laisser diriger par un esprit de partialité ou de mauvais vouloir. S'ils avaient voulu adhérer à la proposition des paysans, qui voulaient s'en remettre à l'arbitrage d'un tribunal, dont les membres seraient choisis par les deux parties, un

[1] Menzels *Geschichte der Deutschen.* p. 476.

arrangement amical aurait probablement concilié les différends et rétabli la paix dans le pays.

Les développements que nous avons donnés, rédigés à la campagne, loin des ressources que présente une grande ville, laisseront beaucoup à désirer à ceux qui ont étudié à fond le sujet de cette thèse. C'est pour nous un motif de la recommander à l'indulgente bienveillance de nos examinateurs.

En résumé nous croyons avoir démontré :

1° Que les plaintes, les mouvements, la guerre même des paysans, existaient longtemps avant la réforme.

2° Que la cause de la révolte se trouvait dans les énormes charges dont étaient accablés les paysans et les habitants des villes du second ordre.

3° Que la plus grande partie des demandes contenues dans les douze articles, sont indépendantes des principes de la réforme et étrangères à ses conséquences, tant pour le dogme que pour la constitution de l'Église.

4° Que la sédition a été vivement combattue par les auteurs de la réforme.

5° Que la plupart des demandes contenues dans les douze articles, ont été accordées par la législation des temps modernes dans un pays où la religion catholique n'était pas seulement la religion de l'État, mais où l'exercice public et privé de tout autre culte était proscrit par les lois.

6° Que les classes supérieures auraient pu éviter la guerre et ses excès, si elles avaient voulu se prêter à l'arrangement proposé par les paysans.

Tout en admettant que la doctrine de l'égalité de l'homme devant Dieu, enseignée par le Christ, renouvelée par la réforme, a fait sentir avec plus de force aux paysans l'injustice des charges (art. 3 des paysans), et que le principe de la liberté religieuse, posé par la réforme, mais mal compris, a pu les exciter à secouer le joug, nous ne pouvons toutefois attribuer à cette œuvre de bienfaisance et de salut qu'une influence indirecte et bien secondaire dans cette guerre[1].

Les fanatiques parmi lesquels on doit compter quelques prédicateurs qui malheureusement prennent une part plus ou moins active à tous les changements importants entrepris dans l'ordre social, ont tâché, dans la guerre des paysans, de donner à la société une forme de gouvernement théocratique, dans l'espoir d'être regardés comme les organes de Dieu et de disposer du pouvoir. Mais, s'ils se sont livrés à des excès déplorables, on ne peut en faire un crime à la réforme. Toute révolution entreprise par les hommes a ses fanatiques. Aussitôt que ce fléau s'est montré en Allemagne, il a été combattu soit par les réformateurs eux-mêmes, soit par ceux qui leur ont succédé.

Ce n'est donc pas à la réforme, mais aux charges insupportables qui accablaient les paysans, c'est à l'obstination avec laquelle les princes et les nobles se sont opposés à leurs demandes, qu'il faut attribuer les désastres de la guerre.

Si les princes, la noblesse et le clergé avaient été animés des vrais principes du Christ, qui sont aussi ceux de la réforme, ils auraient prévenu la rebellion ou du moins ils en auraient affaibli la violence. Et alors on n'aurait pas vu des hommes fanatiques s'emparer de la multitude ignorante, et les crimes commis contre les personnes et les propriétés, crimes dont la noblesse avait d'ailleurs donné l'exemple[2], ne souillaient pas les pages de l'histoire de l'Allemagne.

[1] OEchsle, pag. 48.
[2] Sartorius, pag. 68, etc.

THÈSES.

I.

La religion naturelle, tant par sa forme que par son contenu, ne peut satisfaire les besoins religieux de l'humanité ; une révélation divine, soit médiate, soit immédiate, c'est une nécessité pour elle.

II.

Quoique les miracles opérés par le Seigneur ne prouvent pas la vérité de sa doctrine, ils confirment cependant son origine céleste.

III.

Par les tentatives d'expliquer par des lois naturelles, qui nous sont connues, la vie miraculeuse de notre Seigneur, on lui ôte cette unité admirable qui la caractérise depuis sa naissance jusqu'à son retour au ciel, et on la fait descendre dans la classe des contes les plus absurdes.

IV.

Les communes chrétiennes auxquelles saint Paul adressa ses épîtres, étant formées en partie d'anciens juifs et en partie d'anciens païens, l'apôtre a dû combattre les préjugés des uns et des autres. Quelques exégètes, oubliant ces circonstances, ont faussement expliqué les expressions dont l'apôtre s'est servi. Ce n'est qu'eu égard à elles qu'on peut trouver le véritable sens des expressions $\Pi\iota\sigma\tau\iota\varsigma\ No\mu o\varsigma\ \varDelta\iota\varkappa\alpha\iota o\sigma\upsilon\nu\eta$.

V.

Le dogme de la résurrection constaté par l'Écriture-Sainte n'est pas en contradiction avec la raison.

FIN.

* 9 7 8 2 0 1 3 4 3 6 7 8 6 *